Generis
PUBLISHING

AF448337

La Guérison Métaphysique

Comment guérir avec certitude en se servant de la Science Métaphysique

Edmond Kakpo Nanoukon

CIP a Camerei Naţionale a Cărţii

Kakpo Nanoukon, Edmond.

La Guérison Métaphysique : Comment guérir avec certitude en se servant de la Science Métaphysique / Edmond Kakpo Nanoukon. – Chişinău : Generis Publishing, 2020 (Print on demand) – 41 p.

Referinţe bibliogr.: p. 39.

ISBN 978-9975-154-34-5.

130.3

N 20

Cover image: www.pexels.com/ru-ru/photo/207237/

Generis Publishing

Online orders: www.generis-publishing.com
Orders by email: info@generis-publishing.com

CHAPITRE 1

INTRODUCTION

Pourquoi certaines prières métaphysiques entraînent la guérison et d'autres non ? la guérison métaphysique est-elle aléatoire ? est-elle un coup de chance ? comment un praticien doit-il s'y prendre pour guérir à coup sûr ses patients et lui-même de tout problème de santé ?

« Nous sommes tous et chacun intéressés par la guérison de notre corps physique. Qu'est-ce qui guérit ? où se trouve cette puissance curative ? voilà des questions que plusieurs d'entre vous se posent. » **(Cours de base en Métaphysique Appliquée, 24èm leçon – La Guérison Métaphysique).**

Il faut avouer que de nos jours les sujets d'intérêt ne manquent pas. Le monde a connu il y à peine 2 ans l'épidémie Ebola qui a fait des milliers de victimes dans quatre pays africains et créer des psychoses au niveau de l'activité de voyages et des échanges commerciales. Le monde a connu dans les années antérieures les épisodes de Grippe aviaire, de grippe bovine, etc. La pandémie du Sida, les Hépatites virales, les différents types de cancers et leur surmédiatisation ne peuvent manquer d'interpeller l'attention des penseurs et des métaphysiciens.

Certaines personnes se demandent où est Dieu ? pourquoi n'agit-il pas ? pourquoi permet-il qu'autant de souffrances gâchent le quotidien de ses créatures bien-aimées ? alors le penseur saisit la réflexion au bond et se demande si Dieu ou l'Univers a vraiment laissé l'homme démuni face à ces situations. L'homme n'a-t-il vraiment pas les moyens de prendre soin de lui-même ? de se soigner ? de se prémunir contre les maladies ?

Les Ecritures sacrés de la plupart des Religions monothéistes nous enseignent pourtant que Dieu est Amour et que ses qualités sont la compassion, la tendresse, etc. Plusieurs avatars ayant vécu à des époques diverses ont réalisé des guérisons qu'on appelle **« miracles ».** Pourquoi n'arrive – t-on plus à reproduire ses guérisons ou miracles aujourd'hui ?

Plusieurs livres et ouvrages sous différents formats à savoir livres, vidéos, audio, kindle se penchent sur le sujet de la guérison métaphysique et les contenus sont assez fournis. Dans cette thèse, je n'ai pas la prétention de donner la solution miracle pour une guérison Métaphysique instantanée comme au temps de Jésus, mais je tiens quand même à explorer les méthodes les plus marquantes, analyser les procédures de conduite de ces traitements mentaux, les résultats obtenus ou attendus et conclure en tant que métaphysicien par rapport aux procédés qui me semblent les plus efficaces et les plus à même de soulager la souffrance humaine.

Même avant les conclusions, en tant que métaphysicien, je suis convaincu d'une chose : Dieu est Amour et la maladie ne fait pas partie de ses créations, et si tout ce que « Dieu a fait est très bon » **(Genèse 1 :31),** alors l'homme à son image et ressemblance est bon et seules des erreurs de pensées peuvent amener l'humanité à penser le contraire. Le travail des avatars comme Jésus est de nous démontrer les capacités infinies de l'homme et tout ce qu'il peut accomplir quand il est proche de l'Univers et peut utiliser toute la puissance de son subconscient.

CHAPITRE 2

REVISIONS DES REFERENCES LITTERAIRES

LE PETIT LIVRE ROUGE

AUTEUR ANONYME

Le titre de ce tout petit livre de huit page est : « <u>ça marche</u> ». L'auteur y aborde des préceptes élémentaires pour réussir dans tous les domaines de la vie. Ces préceptes peuvent permettre à ceux qui les mettent en pratique de résoudre toute situation indésirable, à condition de savoir exactement ce qu'ils veulent et de l'exprimer correctement. Se plaindre au quotidien des maladies, du mauvais temps, de la pauvreté, de la société en général n'améliorera pas la condition humaine, mais fera plutôt empirer les choses, car nous obtenons exactement ce à quoi nous nous attendons. Un contrôle de notre esprit conscient s'avère donc nécessaire. L'auteur recommande comme solution à toute situation non désirée dont la maladie entre autre :
-	De prendre un calepin et un stylo
-	D'écrire lisiblement et clairement tous nos souhaits, au présent, comme s'ils étaient déjà réalisés.
-	Relire ce calepin de souhaits matin et soir
-	Continuer la lecture jusqu'à la réalisation des souhaits
-	Effacer ce qui est réalisé et écrire de nouveaux souhaits

Cette méthode selon l'auteur peut permettre à tout homme qui respecte scrupuleusement sa procédure de régler tout problème, même les problèmes de santé.

LA MAITRISE DE SOI-MEME PAR L'AUTOSUGGESTION CONSCIENTE

COUE EMILE

Emile Coué est un pharmacien et psychologue français, fondateur de l'École lorraine de psychologie appliquée. Il fut l'un des pionniers du courant de pensée appelé à l'époque « l'Ecole e Nancy ». (Wiki). Emile Coué est considéré par plusieurs personnes et courants philosophiques modernes comme étant le fondateur de la pensée positive.

En 1922 Emile Coué, publie le livre « La Maîtrise de soi-même par l'autosuggestion consciente ». Dès sa publication, ce livre rencontre un succès planétaire, est plébiscité en Angleterre et aux Etats-Unis et est traduit dans plusieurs langues. Emile Coué a connu une renommée internationale de son vivant. « La méthode Coué » se résume en une phrase : « Tous les jours, à tout point de vue, je vais de mieux en mieux ». Emile Coué recommandait à ses patients de répéter cette phrase 20 fois le matin et 20 fois le soir, en vue de conditionner l'imagination de manière favorable. Un grand nombre de patients qui mirent en pratique ses recommandations connurent des guérisons « miraculeuses », tandis qu'une partie du clergé et des praticiens de la médecine moderne l'accusaient de charlatanisme.

SCIENCE ET SANTE AVEC LA CLE DES ECRITURES

EDDY MARY BAKER:

Ce livre est le plus important qu'a écrit cette femme qui a réalisé une œuvre colossale dans le domaine de la Métaphysique basée sur Dieu. Son Eglise, la Christian Science Church est la première Eglise à parler de guérison métaphysique et à former les « premiers praticiens » dont le travail consiste à guérir les patients (malades) par la prière et <u>uniquement par la prière</u>. Elle a su intégrer dans la sphère religieuse chrétienne la théorie moniste de la création qui stipule que tout ce qui existe – l'univers, le cosmos, le monde – est essentiellement un tout unique, donc notamment constitué d'une seule substance. Mary Baker EDDY à en plus de Science et Santé avec la Clé des Ecritures écrit plusieurs autres livres consacrés à la Métaphysique Chrétienne ou divine. Elle a également fondé plusieurs périodiques dont le célèbre « Christian Science Monitor », qui est l'un des journaux américains les plus réputés aujourd'hui pour son objectivité. Ses ouvrages sont conçus comme « un guide pratique sur la spiritualité ». Elle veut qu'ils soient destinés à tous, sans distinction de milieu social, de religion, de culture, de profession ou d'âge.

Mary Baker Eddy explique les « lois universelles spirituelles » qui, lorsqu'elles sont comprises et démontrées, sont censées apporter "réconfort, régénération et guérison". Selon Mrs EDDY, il existe un unique Esprit dans l'Univers qui a tout créé.

Tous les hommes sont des images ou reflets de cet unique Esprit et sont donc des êtres spirituels. L'homme tire donc son essence de Dieu qui le guérit de ses maladies au moment opportun. Les maladies, les souffrances, et autres problèmes récurrents à la condition humaine sont donc selon elle des erreurs que l'homme peut corriger par une prise de conscience de son état d'enfant et d'image parfaite du Dieu parfait.

« Un homme parfait et un Dieu parfait » est la base de l'argumentation métaphysique et de la guérison. Tous les problèmes humains selon Mary Baker EDDY ne sont pas réels mais sont des « erreurs de pensée ». La pensée juste corrige ces problèmes en révélant la réalité de la création. La création selon Mary Baker EDDY est harmonieuse, complète et parfaite et toutes les conditions sont mises en place par le créateur pour l'homme qui doit spirituellement en prendre conscience. La vraie création est spirituelle et non matérielle. La matière est une irréalité, une erreur de croyance dont l'homme doit se départir pour atteindre l'harmonie spirituelle. Mary Baker EDDY était une femme malade, à l'article de la mort en 1865. Elle avait glissé sur du verglas et dans sa chute s'était fracturée la colonne vertébrale. Sur son lit de souffrance, elle prit sa Bible et lut le verset biblique où Jésus avait guéri un paralytique **(Mathieu, Chapitre 9, verset 2-7)**. Cette lecture déclencha chez elle une prise de conscience que la maladie ou le péché pouvait être détruit par le même procédé puisque Jésus avait juste <u>pardonné</u> les péchés du malade et la guérison s'en était suivi. Cette prise de conscience eut pour effet une guérison immédiate. Elle se leva, s'habilla et sortie devant ses amis ébahis. Depuis ce jour jusqu'à sa mort, elle consacra tout son temps à la compréhension du principe divin qui guérit les malades, réforme les pécheurs et guérit les malades.

L'ACCOMPLISSEMENT DE SOI

<u>DR MALTZ MAXWELL</u>

Véritable guide de psychologie pratique, le livre du Dr Américain, Chirurgien spécialisé en chirurgie esthétique est axé sur les thèmes aussi variés que comment atteindre ses objectifs, comment améliorer l'image de soi-même, comment entretenir des pensées lucides, la relaxation, l'imagination, l'acceptation de soi, la conscience, de l'isolement au bonheur, l'observation créatrice de l'esprit. Sous forme de questions et de réponses, le livre traite également de sujets aussi variés que la colère, la compassion, la discipline, etc. ce livre se veut un outil scientifique mais pratique pour aider toute personne qui le désire à programmer son subconscient afin de faire de sa vie un hymne au Créateur.

COURS DE BASE EN METAPHYSIQUE APPLIQUEE – Vol. 1 et vol. 2
COURS DE MEDITATION MYSTIQUE ET DYNAMIQUE
LECONS DE MAITRISE 2° CYCLE EN METAPHYSIQUE APPLIQUEE

VERRIER PAUL YVON

Après plusieurs années de solides expériences dans le monde des affaires, Le Professeur Paul Yvon VERRIER décida de se consacrer à la spiritualité et l'Astrologie. Il créa à ce titre la première librairie Esotérique dans la ville de Laval.

Pendant dix, il enseigna l'astrologie et présenta des émissions Télé consacrée à ce sujet. Paul Yvon VERRIER détient deux doctorats, Métaphysique - Counseling de l'University of Metaphysics de North Hollywood, Californie, depuis 1993. Il est également diplômé en Astrologie Traditionnelle de l'Institut Werner Hirsig de Québec depuis 1982. En 1994, il fonde l'institut international de Métaphysique Appliquée du Québec. Cet institut dispense des cours à distance pour tout étudiant désireux d'approfondir ses connaissances en Métaphysique et de s'établir comme praticien et Coach en vue d'aider les patients à trouver des solutions à leurs problèmes. L'Institut offre des Diplômes de Maîtrise et Doctorat aux Etudiants qui ont suivi avec succès les trois niveaux d'Education de l'Institut.

Dans le cours de base de Métaphysique Appliquée, l'Etudiant apprend les bases de la méditation et ses bienfaits au quotidien. Dans les leçons de Maîtrise (Msc.M), 2° cycle en métaphysique appliquée, plusieurs leçons dont surtout les premières et secondes parties sont consacrées au sujet de la guérison spirituelle en Métaphysique. Le Professeur, P. Yvon VERRIER écrit :

« La philosophie de la guérison spirituelle est fondée sur la conception que nous vivons dans un univers d'Intelligence _ un Univers Spirituel dans lequel les pensées sont des choses, et que des états définis de conscience-connaissant, en devenant subjectifs, agissent au moyen d'un champ créatif, et tendent à se reproduire sous une forme quelconque ». Tout au long des cours de Métaphysique, l'Etudiant est amené à comprendre les prétentions de la maladie, ses modes de manifestation, son explication en métaphysique. Le Professeur y enseigne à l'étudiant en Métaphysique comment se guérir et guérir également des patients qui viennent lui demander un traitement métaphysique.

CHAPITRE 3

METHODES

Le cours de base de métaphysique Appliquée ainsi que le cours de Maîtrise (Msc.M) de l'Institut de Métaphysique Appliquée contiennent assez de ressources spirituelles pour accompagner l'étudiant en métaphysique sur le chemin de la maîtrise des pratiques métaphysiques pouvant conduire à la guérison des cas de maladie. De nombreux ouvrages écrits par d'éminents chercheurs, philosophes, et savants du monde entier traitent du sujet de la guérison par le mental

Je vais avoir recours à mes leçons de Praticien de la Science Chrétienne, aux nombreuses lectures sur le sujet de la guérison par la puissance de l'Esprit. En plus de tout ceci, j'ai eu à faire de nombreuses expériences personnelles ainsi que des expériences avec des patients et des membres de ma famille proche. Les résultats contrastés obtenus sont à l'origine de mes questionnements et de mes recherches de solution.

CHAPITRE 4

OBSERVATIONS ET RESULTATS DE RECHERCHES

GENERALITES

« Voici les Miracles qui accompagneront ceux qui auront cru : en mon nom, ils chasseront les démons ; ils parleront de nouvelles langues ; ils saisiront des serpents ; s'ils boivent quelque breuvage mortel, il ne leur fera point de mal ; ils imposeront les mains aux malades et les malades seront guéris ». (**Marc chapitre 16, verset 17-18**). Ce verset biblique a été le déclencheur de ma quête spirituelle. Je me suis convaincu que si Jésus l'a dit, alors l'homme peut le faire. Tout métaphysicien a toujours rêvé de mettre les pieds dans les pas de Christ Jésus.

Je me suis persuadé que l'homme a les capacités d'accomplir des guérisons, telles que Jésus l'a prophétisé. Les Apôtres ont réalisé durant les premières années de l'ère chrétienne des guérisons telles que le Maître l'avait prévu. C'était tellement peu commun que l'humanité appelait ces manifestations de <u>l'amour divin</u> des <u>MIRACLES</u>. Ce pouvoir de guérison s'est peu à peu estompé au fil des siècles et nous n'entendons plus parler dans ces temps modernes que de quelques guérisons sporadiques qui surviennent presque par hasard.

Les Eglises dites du réveil en Afrique sont pleines à craquer de fidèles, car les pasteurs leur promettent miracles et guérisons. Il n'y a qu'à voir les longs fils d'attente devant les cabinets de consultation des gourous, Marabouts et autres charlatans pour comprendre à quel degré la soif de guérison fait courir les humains.

« <u>La santé avant tout</u> » dit un adage universel. Tous les grands Avatars et tous les grands philosophes et métaphysiciens à travers les siècles se sont toujours intéressés à la guérison spirituelle par l'utilisation de la puissance mentale. C'est même selon Jésus le signe que Dieu est parmi nous. Ainsi avait-il répondu aux disciples de Jean le Baptiste, qui, dans le doute étaient venus questionner le Christ sur sa messianité.

Dans mes cours de Métaphysique appliquée et de Science Chrétienne, des chapitres importants sont consacrés au sujet de la guérison spirituelle.

Comment s'y prendre alors pour guérir avec certitude les malades qui viennent nous solliciter en tant que praticiens, aussi sûr que 1+1=2 ? comment nous guérir nous-mêmes ? Comment le Christ et les disciples s'y prenaient-ils ? Quels sont les ingrédients cachés que nous ne maîtrisons pas encore et qui font que les guérisons ne sont pas instantanées ? Les guérisons doivent-elles être instantanées ?

Voilà autant de questions auxquelles l'humanité cherche des réponses satisfaisantes depuis des siècles. Je n'ai pas la prétention de donner la ligne scientifique à suivre dans ce travail, mais plutôt d'explorer aussi loin que possible tout le matériel spirituel et scientifique à ma disposition.

LES GRANDS GUERISSEURS SPIRITUELS AYANT EXISTE.

La Bible est le livre spirituel ou nous retrouvons un grand nombre de cas de guérisons spirituelles. Les guérisseurs ont pour noms Jésus, le plus célèbre, Elie, Elisée, Moise, Apôtre Paul, Apôtre Pierre pour ne citer que ceux-là.

JESUS

C'est le plus grand guérisseur reconnu de tous les temps. Il a guéri des malades instantanément. Des aveugles ont recouvré la vue, Des sourds ont recouvré l'ouïe, des épileptiques ont été guéris, des paralytiques ont recouvré l'usage de leurs jambes, des pécheurs ont été réformés (tels que Zachée et Marie Madeleine et le voleur sur la croix), des morts ont été ressuscités. Jésus a transformé l'eau en vin, desséché des arbres par sa seule parole et promis à ses suiveurs qu'ils feront même plus que lui.

Disciple est un mot Grec qui signifie Elève ou Etudiant. Ceci veut donc dire que les disciples étaient des apprenants, des élèves. Ils étaient choisis par le Maître pour être formés, instruits dans la voie de la guérison métaphysique. Le pouvoir de guérison spirituelle n'est pas un don qui descend du ciel sur les hommes, selon la bonne volonté de Dieu, mais c'est une science qui peut s'apprendre, se maîtriser et c'est une connaissance qui peut se transmettre d'un enseignant à un apprenant. Jésus s'était d'ailleurs emporté un jour contre ses élèves qui ne parvenaient pas à guérir un malade. Il leur a dit : « Race incrédule et perverse, répondit Jésus, jusque à quand serai-je avec vous ?» (Matthieu 17 :16). C'est la preuve que le maître s'attendait à des progrès de la part de ses étudiants et il était déçu ne pas en voir.

Ce jeune homme que Jésus a guérit souffrait selon son père « d'un esprit qui le jetait dans le feu ou dans l'eau », esprit que Mary Baker Eddy a décrit comme étant l'épilepsie (**Science et Santé avec la clé des Ecritures**). Lorsque Jésus eut guéri le garçon, ses disciples vinrent lui demander pourquoi lui il avait réussi à guérir le garçon et eux non. Le Maître leur répondit que ce genre de démon se guérit seulement par le jeûne et la prière. Selon Mary Baker Eddy, cette jeûne et cette prière dont parle Jésus n'est pas un marathon de prière, mais un jeûne des pensées et paroles négatives. Le guérisseur métaphysique qui veut réussir doit cultiver la pensée positive et entretenir un esprit de calme et de clairvoyance à toute épreuve. Il doit être moralement irréprochable, et doit apprendre à voir au-delà des apparences des sens physiques et toujours maintenir un état d'esprit positif. Jésus disait aux pharisiens qui accusaient ses disciples de ne pas se laver les mains avant de manger que « ce n'est pas ce qui entre dans l'homme qui souille l'homme mais ce qui sort de l'homme ». Qu'est ce qui sort de l'homme autres que ces pensées, paroles et actions ? Donc les paroles, actions et pensées du guérisseur et du patient sont déterminantes pour la guérison du cas.

LA METHODE DE JESUS

Jésus était l'homme de foi et de confiance par excellence. Il parlait avec certitude, marchait avec confiance et s'exprimait avec autorité. Jésus était positif et ne laissait pas la moindre parcelle au doute dans ces paroles et dans ses actions. Jésus ne disait jamais d'un cadavre que « l'homme était mort et qu'il allait le ressusciter ». Lorsqu'on lui a annoncé la mort de son ami Lazare, Jésus a juste dit à ses disciples : « **notre ami Lazare dort mais je vais le réveiller** » (**Jean 11V11**). Les disciples étaient surpris que le maître veuille aller réveiller son ami Lazare de son sommeil car ils n'avaient pas compris que le maître se conditionnait mentalement à réveiller un dormeur et non un mort. En effet qu'est ce qui est le plus facile ? réveiller un mort ou réveiller un une personne qui dort ? entre les deux possibilités, le choix du maître était fait et c'est d'une haute signification métaphysique pour le guérisseur spirituel de nos jours. Et ceci n'est pas un cas isolé. Lorsque la fille du Chef de la Synagogue semblait morte pour les humains, Jésus a juste dit à la foule de pleureurs : «**Ne pleurez pas, car elle n'est pas morte, mais elle dort.**» (**Luc 8V52**). Le guérisseur spirituel de nos jours devrait s'inspirer des paroles et de la programmation mentale constante du grand maître et être toujours positif dans ses pensées, paroles et actions, s'orienter uniquement vers le résultat attendu, à l'exclusion de toute autre pensée parasite pouvant lui faire apparaître le travail à accomplir comme compliqué. Jésus adoptait toujours un raisonnement mental qui lui facilitait la tâche. Jésus ne ressuscitait pas des cadavres, mais il réveillait plutôt des dormeurs.

Il agissait de même avec les personnes malades. Pour guérir un homme paralysé des membres inférieurs et ne pouvant donc pas se tenir debout, le Christ lui donnait un ordre complètement hors de sens pour les sens humains ordinaires : « Lève-toi, prends ton lit et marche » (Jean 5 :8 et Marc 2 :11).

L'AMOUR EN ŒUVRE DANS LA GUERISON

Selon les lois rabbiniques de l'ancien testament, un homme sain ne devait pas avoir de contact physique avec un lépreux. En effet la lèpre était considérée en ce temps-là comme une maladie impure et les personnes malades de la lèpre étaient isolées du reste de la communauté. elles étaient en quelque sorte stigmatisées. Dans le livre de Lévitiques 13 au verset 45, nous lisons : « Le lépreux, atteint de la plaie, portera ses vêtements déchirés, et aura la tête nue; il se couvrira la barbe, et criera : Impur ! Impur ! 46 Aussi longtemps qu'il aura la plaie, il sera impur : il est impur. Il habitera seul ; sa demeure sera hors du camp ». Pourtant, en opposition aux lois rabbiniques, Jésus a guéri un lépreux en le touchant (Luc 5 V 13). Jésus a touché cette personne considérée comme malade et impur par l'amour en décidant de partager sa peine. Normalement Jésus aurait dû être considéré comme impur à l'instant, mais parce que la guérison s'en est suivi, lui et le malade ont réintégré la communauté. Ce fut la force de l'amour appliquée à la guérison.

C'est la mise en application même de la visualisation spirituelle telle que décrite par le Professeur Verrier Yvon Paul dans son cours **(Leçons de Maîtrise 2ᵉ cycle en métaphysique Appliquée, page 6).** Les meilleurs résultats que j'ai obtenus personnellement sont souvent consécutifs à d'intenses mais agréables sessions de visualisations.

LA FOI

Il est dit dans la Bible que dans certaines contrées, Jésus n'avait pas accompli beaucoup de miracles car la foi des habitants étaient faibles, car les habitants ne croyaient pas en lui. Ceci nous amène à aborder un autre aspect important dans la phase de guérison des malades.

Selon l'Apôtre Paul, « la foi est une ferme assurance des choses qu'on espère, une démonstration de celles qu'on ne voit pas » **(Hébreux 11V1)**

Nous devons donc comprendre que **la foi est un élément central dans le processus de la guérison mentale**. Le patient doit avoir foi que la méthode peut le guérir et le praticien guérisseur doit avoir la foi en lui-même et en l'Esprit Universel que la guérison par le mental est possible et qu'il peut soulager son patient par cette pratique. Mais comment renforcer la foi et le cultiver au quotidien dans notre vie ? **Wallace Wattles** a apporté la réponse à cette question en écrivant que « La foi naît de la gratitude. L'esprit reconnaissant anticipe toujours le bien et cette anticipation devient foi. L'effet produit par la gratitude est la foi ; et chaque acte de gratitude augmente la foi. Celui qui n'a pas le sentiment de gratitude ne peut garder une foi vivante ; et la méthode créative, dénuée de foi vivante, ne peut vous mener à la .... Il est donc nécessaire de cultiver l'habitude de remercier pour chaque bonne chose qui vous arrive et de le faire continuellement. Et comme toutes les choses ont contribué à votre avancement, vous devez toutes les inclure dans votre gratitude. **» (La Science de la Richesse en 17 leçons).**

LA GUERISON DE JESUS EST-ELLE DIVINE ?

Lorsque Jean-Baptiste était en prison, en proie au doute et au découragement, le Baptiseur envoya ses disciples demander à jésus s'il était celui qui devait venir ou si le peuple devait attendre quelqu'un d'autre. Jésus leur répondit : « allez rapporter à jean ce que vous voyez : les aveugles voient, les boiteux marchent, les sourds entendent et la bonnes nouvelles est annoncée aux pauvres ». Cette phrase de Jésus est la démonstration que la guérison métaphysique est le signe de l'amour de Dieu envers ses enfants et que cette guérison doit accompagner sinon précéder toute campagne d'évangélisation ou de propagation de la bonne nouvelle dite évangélique. De la bonne nouvelle sans soulagement de la souffrance du peuple est une parole prêchée dans le désert, elle ne portera pas de fruits. Plusieurs pasteurs qui n'arrivent pas à apporter le soulagement à leurs ouailles par le traitement mental affirment que ce type de guérison était l'apanage d'une certaine époque qui aujourd'hui est révolue. Ils insistent sur le fait que Jésus était le fils de Dieu, et donc sa nature divine constituait sa prédisposition naturelle à accomplir de telles « miracles ». Pourtant ce même Jésus avait prédit les miracles qui accompagneront ceux qui auront cru, quel que soit leur époque. Wallace Wattles a la réponse adéquate pour cette sorte de prédicateurs ayant « la foi sans les œuvres. Wattles écrit : « D'autres sont pauvres parce que tout en sachant qu'il y a une voie d'issue, ils sont trop paresseux pour fournir l'effort mental nécessaire pour trouver cette voie et s'y engager. D'autres encore sont pauvres parce que, tout en ayant des bribes de connaissance, ils se sont tellement embourbés et perdus dans les dédales des diverses théories métaphysiques et occultes qu'ils ne savent plus quel chemin emprunter. Ils essaient un mélange de nombreux systèmes et échouent dans tous ». **(La Science de la richesse en 17 leçons).** En métaphysique, ce qui est vrai pour la prospérité est également vraie pour la santé (ou la maladie).

Le métaphysicien qui aspire à pratiquer la guérison mentale doit fournir un travail mental assidu afin de maintenir continuellement le positif dans son mental et éviter les pensées négatives et nocives. Ce type de « jeûne métaphysique » que Jésus avait recommandé à ces disciples nécessite une vraie discipline mentale et une vigilance de tous les instants. Nul ne peut travailler sur la base du doute et de la foi en même temps. Les deux sont incompatibles.

Le guérisseur métaphysique doit donc asseoir sa légitimité sur les guérisons qu'il accompli. Ces guérisons feront sa renommée et de bouche à l'oreille, les patients se dirigeront vers lui. Les pasteurs des Eglises dites du réveil en Afrique, conscients de ce besoin de légitimation organisent régulièrement force campagnes publiques d'évangélisation avec des promesses de guérisons miraculeuses. Parfois des simulacres de guérisons sont organisées avec des acteurs choisis pour la cause, le but étant d'impressionner absolument la foule des fidèles et ainsi légitimer le ministère du pasteur.

Ethique

Se lancer dans le domaine de la guérison spirituelle juste pour gagner son pain ou parce ce que c'est un domaine rémunérateur est un chemin tout tracé vers l'échec et les désillusions s'en suivront à coup sûr. Jésus le Christ a donné l'exemple du guérisseur parfait. Il n'était pas intéressé par la gloire ni les richesses. Il prenait plaisir à faire le travail de son Père. Le monde était pourtant prêt à le couronner d'or, mais il résista à cette tentation. Les guérisseurs qui se lancent dans le domaine de la guérison mentale pour l'appât du gain jettent l'opprobre et le discrédit sur cette noble profession qu'est la guérison spirituelle à cause de leur manque de résultats et d'éthique. Les associations de guérisseurs spirituels doivent donc être vigilants et faire le tri dans leur rang entre l'ivraie et la bonne semence.

Selon Mary Baker Eddy, l'Amour pour Dieu, l'Amour pour soi et l'Amour pour les autres est une condition nécessaire et requise pour réussir dans le domaine de la guérison spirituelle. Il est vrai que l'ouvrier mérite son salaire et que de nos jours il faut vivre de son travail, néanmoins il faut savoir raison gardée et ne pas transformer « l'antre du Saint-Esprit en un repère de bandits et de voleurs ».

LA METAPHYSIQUE APPLIQUEE

Les cours de base, de maîtrise et de Doctorat en Métaphysique Appliquée ainsi que plusieurs autres cursus de l'Institut International de Métaphysique Appliquée ont pour but d'offrir aux métaphysiciens désireux d'avancer dans la pratique quotidienne de cette merveilleuse science, les outils nécessaires. Les cours sont non seulement des supports de formation, mais également des ressources qui soutiennent le métaphysicien tout au long de son parcours. En effet ces cours très complets abordent tous les aspects de la science métaphysique et vont même au-delà en exposant plusieurs méthodes de résolutions des problèmes humains. La théorie moniste de l'univers qui stipule que toutes les choses sont issues d'une seule substance intelligente qui, dans son état originel, imprègne, pénètre et remplit tout l'univers est l'un des points de consensus entre les enseignements de la métaphysique appliquée et la Science Chrétienne que nous allons voir par la suite. Le professeur Paul Yvon Verrier a enseigné que la méditation quotidienne est une pratique à adopter pour tout métaphysicien qui désire être tout le temps en bonne santé. Elle est non seulement curative, mais elle peut être également préventive. Le Professeur Verrier écrit qu'un « un praticien en Métaphysique est quelqu'un qui utilise des pratiques spirituelles pour guérir non seulement des conditions physiques, mais aussi des situations financières et/ou émotionnelle » (**Leçons de Maîtrise 2ᵉ cycle en métaphysique Appliquée**). « Tout traitement mental devrait commencer avec l'image mentale accompagnée d'une déclaration d'un Dieu Parfait, de l'Homme parfait et de l'Etre Parfait ». Une telle déclaration devrait enlever de l'esprit conscient et subconscient toute croyance qui nie une telle manifestation.

Les méthodes de traitements mentaux enseignés par la métaphysique Appliquée se basent sur le fait que l'intelligence Universelle qui englobent toute chose est impressionnable et qu'elle prend la forme de toute image, d'une condition voulue, et consciemment imprimée en elle. Un métaphysicien doit donc dans son traitement garder présent à l'esprit qu'il ne vient pas pour changer une situation, mais au contraire pour affirmer l'invariabilité et la perfection absolue de l'homme et imprimer cette idée dans l'Intelligence Universelle. Il doit maintenir cette vision de l'homme aussi longtemps que nécessaire afin que la guérison prenne place. Le professeur Verrier explique dans son cours que « la maladie et la limitation ne sont ni une personne ni un endroit ni une chose. Tournez le dos à la condition ou situation limitée et ne voyez que son opposé ; en ayant dans votre mental la réalisation de la santé, du bonheur et de l'harmonie » (**Leçons de Maîtrise 2ᵉ cycle en métaphysique Appliquée**).

COMMENT CA MARCHE ?

Le cours de Métaphysique appliquée donne un guide qui structure le traitement de base. En première position, il y a la **reconnaissance**. « Le praticien doit reconnaitre et affirmer mentalement l'existence de la puissance curative naturelle …. ». Il y a ensuite la **Déclaration** ou le praticien doit déclarer mentalement que le patient possède en lui la Puissance Curative Divine pour se guérir lui-même et que la guérison s'accomplit à l'instant. Ensuite il y a **l'Identification** qui consiste pour le praticien à « identifier mentalement la "vraie identité" du patient comme étant unie avec la présence Divine en lui ». Pour finir il y a **l'Acceptation** qui consiste pour le praticien à faire preuve de foi en affirmant et en reconnaissant mentalement que la guérison est accomplie et remercier l'Esprit Universel en conséquence. L'acceptation est un acte de foi, comme l'a décrit Jésus : Demandez, croyez que vous l'avez reçu et vous le verrez s'accomplir. La foi du praticien lui permet d'anticiper la guérison de son patient et si le patient est réceptif, la guérison doit s'accomplir absolument.

La <u>visualisation</u> est une technique recommandée par le professeur Verrier comme un bon moyen de formuler une idée de traitement Métaphysique. La visualisation est tout simplement l'utilisation du 3 ième Œil ou l'œil de Dieu. Le subconscient ne faisant pas de différence entre ce qui est ressenti et ce qui est réelle, le scénario formé dans votre visualisation va s'accomplir si vous le maintenez fermement. Dans le cas de la guérison métaphysique, il s'agit de former l'image mentale du patient dans les conditions de santé et d'harmonie que le praticien désire voir s'établir. Pour réussir la visualisation, le praticien doit pratiquer la méditation sur une base quotidienne afin de maitriser la canalisation de son esprit et des images mentales qu'il forme. Cette rigueur méditative lui facilitera la conduite de la visualisation car aucune pensée parasite ne pourra interférer dans son traitement métaphysique.

Dans le cours de base de la Métaphysique Appliquée, plusieurs techniques de méditation sont enseignées, des plus basiques au plus avancées. Dans le cours de maîtrise, le professeur Verrier va plus loin et enseigne des techniques de base de la guérison spirituelle telle que :

- <u>La transmission du prâna</u> : le Prâna est un mot Sanskry qui veut dire souffle mais également énergie. C'est donc en quelque sorte une utilisation d'une énergie vitale et curative d'un individu (le praticien) à un autre individu (le patient). Ce phénomène s'est passé dans la Bible où Jésus entouré d'une foule a néanmoins senti une force sortir de lui.

- <u>L'imposition des mains</u> : l'imposition des mains est une technique qui remonte au temps des pharaons d'Egypte et consiste et transférer de l'énergie curative à un patient par le canal des mains. Il faut auparavant énergiser les mains en les frottant les unes contre les autres, en fermant, ouvrant et secouant les mains jusqu'à ce que le praticien sente la chaleur rayonner dans ses mains.

- <u>Les techniques de respiration</u> : quand l'air ne circule plus vers nos poumons, la vie s'arrête. Le mouvement des poumons est donc la preuve la plus visible de la vie dans le corps humain, ce même corps qui n'est qu'une extension de « l'Akasha » qui est la substance qui imprègne et forme toute forme et tout corps dans cet univers. Apprendre à maîtriser sa respiration, c'est donc apprendre à sentir la vie passer en soi. Le contrôle de la respiration « le Pranayama » peut permettre au praticien de guérir certaines maladies. Le cours de maîtrise en Métaphysique appliquée donne assez de détails sur cette pratique ancestrale hindoue. Plusieurs techniques de respiration y sont enseignées et des méthodes de traitement également exposées.

- <u>L'autohypnose</u> : l'hypnose est une technique controversée qui a eu du mal à s'implanter et se faire accepter comme une méthode de guérison. Bien compris et assimilée, l'autohypnose peut être d'un soutien certain a tout métaphysicien qui n'est pas bloqué à des concepts dogmatiques et qui est prêt à explorer tout enseignement qui peut lui permettre d'aider à soulager les maux du genre humain. Le Professeur Verrier démontre que l'autohypnose a des similitudes avec la méditation. Dans les deux cas, les pratiquants tentent de canaliser les énergies de leurs esprits en se relaxant en même temps. Nous savons que l'autosuggestion a de meilleurs résultats lorsque le sujet est calme et réceptif et que des pensées parasites n'interfèrent pas dans le travail mental. Selon le Professeur Verrier, l'autohypnose peut permettre aujourd'hui de contrôler le poids, arrêter de fumer, rejeter de mauvaises habitudes, améliorer l'image de soi, se reconditionner physiquement, améliorer sa mémoire, etc. Elle offre donc au praticien une palette étendue de ressources pour assister un patient selon le problème spécifique que ce dernier lui amène à résoudre.

MARY BAKER EDDY ET LA SCIENCE CHRETIENNE

La Science Chrétienne, fondée par l'Américaine Mary Baker Eddy en 1867 est une religion chrétienne qui a pour but selon son « Leader » de « rétablir le Christianisme primitif et son élément perdu de la guérison chrétienne ». Mary Baker Eddy, elle-même était à l'article de la mort après avoir chuté accidentellement sur un sol gelé. Sa colonne vertébrale était brisée et ses amis l'avait installé dans son lit de mourante, attendant juste qu'elle rende son dernier soupir. Chrétienne fervente, elle aurait demandé à lire sa Bible et serait tombée sur le livre de Mathieu, Chap9V14 où Jésus ordonnait à un impotent de se lever car ses péchés lui étaient pardonnés. Elle aurait mentalement transféré cet ordre du Christ sur elle-même et se serait automatiquement redressée sur son lit, s'était habillée et était ressortie de la chambre, marchant sur ses deux pieds. Ce serait la première guérison en Science Chrétienne.

De son vivant, Mary Baker Eddy a publié des centaines d'ouvrages axés sur la guérison spirituelle. Tous ses écrits sont jalonnés de nombreux exemples de guérisons de toutes sortes de maladie qu'elle et ses élèves ont réussi. Elle a affirmé avoir guéri des maladies organiques, des fractures, revitaliser des agonisants et ressusciter des morts. Son livre majeur « Science et Santé avec la clé des Ecritures » à un chapitre consacré aux témoignages de guérisons de personnes qui ont été guéries par la Science chrétienne. Certaines personnes ont été guéries par des praticiens, d'autres l'ont été rien que par l'élévation spirituelle que leur a apporté la lecture des ouvrages de Mary Baker Eddy.

Les adeptes de la Science Chrétienne qui le désirent, suivent un cours d'instruction de deux semaines avec un professeur formé au et autorisé du Collège

Métaphysique de la Science chrétienne. Cette formation est basée principalement sur la pratique de la Guérison par la prière. La élèves reçoivent le titre de CS à la fin de la formation et sont encouragés à s'installer en tant que « praticien » à la fin de leur de leur formation afin d'apporter de l'aide par la prière à leurs patients. Un praticien ne doit pas exercer une autre activité lorsqu'il s'engage dans la pratique de la guérison métaphysique à temps plein afin de ne pas mélanger leur pratique avec les soucis de la vie quotidienne.

Aux USA et dans certains pays, les assurances maladies reconnaissent et remboursent les traitements dits « métaphysiques ». Les praticiens travaillent comme des « médecins », avec un cabinet officiel. Certains malades qui ont besoin d'assistance au quotidien durant une phase de maladie sont encouragés à avoir recours aux services des nurses de la Science Chrétienne. Ces nurses sont formées par le Board d'Instruction de la Science Chrétienne pour prodiguer des soins non médicinaux aux patients.

C'est donc un mouvement religieux orienté vers la santé et le bien-être de l'homme dans tous les aspects de sa vie mais qui décourage autant que faire se peut l'utilisation de tout autre moyen de guérison qui n'est pas métaphysique.

L'opposition du corps médical

Le corps médical moderne s'oppose violemment à toute méthode de guérison dite non conventionnelle. Les Praticiens de ces méthodes se retrouvent donc exposés à des poursuites judiciaires et autres tracasseries administratives si jamais un de leur patient décédait ou avait des séquelles irrémédiables des suites d'un traitement spirituel. Pourtant avec la médecine dite moderne, les erreurs médicales ne manquent pas, mais la société est plus clémente avec elle qu'avec les « non conventionnelles ».

Le cours de Science Chrétienne ainsi que celle de Métaphysique appliquée recommande ainsi aux futurs praticiens de préparer des contrats à signer par les patients et qui les protègent, et également de recommander aux patients dans les cas de certaines maladies, de consulter la médecine moderne afin de se faire établir un diagnostic clair et précis.

COMMENT CA MARCHE ?

Un chapitre entier du livre Science et Santé est consacré à la pratique de Science chrétienne. Mary Baker Eddy y expose en détail les fondements de sa méthode de guérison et les conditions à remplir par tout aspirant métaphysicien. « Si le corps est malade, ce n'est là qu'une croyance de l'entendement mortel » (**Science et Santé**

avec la clé des Ecritures, page 425). Selon l'approche de Mary Baker Eddy, il existe un Seul Entendement ou Intelligence dans l'Univers, et c'est Dieu. Ce seul Entendement englobe tout l'univers et toute l'humanité d'un amour et d'une compassion paternelle. Cet Unique Entendement ne peut être l'auteur des souffrances des humains. La source des maux humains serait selon l'auteure « l'entendement mortel », que Mary Baker Eddy définit comme une croyance humaine séparée de Dieu, une croyance qu'il existe une vie, une réalité, une existence en dehors du seul Entendement. C'est cette croyance à une vie séparée de Dieu qui serait la cause et la somme de toutes les souffrances humaines. Pour guérir donc de toutes les souffrances liées à la croyance à une vie séparée de Dieu (car ce n'est qu'une croyance parce que l'homme ne peut jamais être séparée de Dieu de même que l'ombre ne peut être séparée du corps original), le patient doit se détourner des prétentions de l'entendement mortel et accepter Dieu comme le seul Entendement qui existe et dont lui l'homme fait partie. L'homme doit reconnaître qu'il n'a pas une vie séparée de Dieu sinon il serait aliéné. « La compréhension-Christ de l'être scientifique renferme un principe parfait et une idée parfaite, Dieu parfait et homme parfait comme base de la pensée et de la démonstration ». **(Sience et Santé, La Création - page 250)**

L'un des points forts de la théologie de Mary Baker Eddy et qui est un contre-pied total de la théologie chrétienne usuelle est que l'homme qui est l'image et la ressemblance parfaite de Dieu n'a jamais chuté dans le jardin d'Eden comme cela peut se comprendre littéralement dans la Bible. Elle s'insurge contre les modèles qui représentent l'homme comme mortel, malade, pécheur et mourant. « Si l'homme a été jamais été parfait, et si maintenant il a perdu sa perfection, alors les mortels n'ont jamais perçu en l'homme l'image reflexe de Dieu…. Dans la réflexion divine, il est impossible que la vraie ressemblance soit perdue ». **(Science et Santé, page 259).** Le Christ a d'ailleurs ordonné aux hommes : « Soyez parfaits comme votre Père Céleste est parfait ». Le Christ n'a posé aucune condition à cette perfection humaine, il a juste donné un ordre. L'homme n'a donc pas à fournir un effort pour devenir parfait. Il doit juste reconnaître et accepter cet état de perfection inaliénable et l'invoquer chaque fois qu'il fait face à une situation de maladie.

La Science Chrétienne enseigne aux fidèles deux modèles de prière métaphysique pour guérir la maladie : L'argumentation et l'acceptation.

Pour guérir selon la méthode de l'argumentation, le praticien doit silencieusement et mentalement exposer les prétentions du mal, les dénoncer comme étant fausses puis affirmer la réalité spirituelle et Divine. Il peut mener cet argumentaire mental aussi longtemps qu'il le juge nécessaire, mais l'œuvre de la guérison doit s'accomplir en une seule visite.

La méthode de l'affirmation qui est réservée aux praticiens avancés et expérimentés est encore appelée méthode de l'ange Gabriel. Elle consiste à n'affirmer que la vérité, à reconnaître la toute puissance et la toute présence de Dieu, son amour et sa compassion pour l'humanité et reconnaître que le malade fait déjà partie d'un monde de paix et de bien-être. Cette constante affirmation positive est appelée méthode de l'ange Gabriel car Gabriel est l'annonciateur des bonnes nouvelles divines, il communique la présence de Dieu dans la paix et la lumière. La première méthode étant celle de l'Ange Michel qui mènent les combats spirituels.

La science chrétienne n'encourage point le mélange des méthodes de guérison. Elle décourage le recours à la médecine moderne car cela pourrait affaiblir la foi du malade. Les praticiens ne sont pas autorisés à imposer les mains aux malades, à les toucher, à les manipuler ni à leur recommander d'observer l'hygiène ou tout autre méthode de traitement. Selon Mary Baker Eddy, l'homme ne devrait pas servir deux maîtres à la fois. Il faut choisir une direction et s'y tenir.

LA METHODE COUE

Selon le pharmacien Emile Coué, considéré comme le père de la pensée positive, l'être humain est constitué de deux entités distinctes : l'être Conscient et l'être inconscient. Tous deux sont très intelligents, mais l'existence de l'un passe complétement inaperçu. Selon Coué, l'existence de l'être Inconscient est pourtant facile à constater, pour peu que l'on se donne la peine d'examiner certains phénomènes et qu'on veuille prendre la peine d'y réfléchir. Selon lui, le conscient est doué d'une mémoire très infidèle, tandis que le Subconscient, l'être invisible est doué d'une mémoire merveilleuse, impeccable, qui enregistre à notre insu et dans les détails, tous les événements, faits et gestes de notre existence. Il est crédule et accepte sans raisonner tout ce qu'on lui dit. La grande force de cet être Subconscient est que c'est lui qui a en charge le fonctionnement de tous nos organes et de nos fonctions vitales telles que la respiration, la circulation sanguine, la digestion, la sudation, les secrétions vitales, et ceci par l'intermédiaire du cerveau dont il a le contrôle.

Si donc le subconscient pense que tel ou tel autre organe fonctionne bien, cet organe fonctionnera bien, et si a contrario le subconscient est convaincu qu'un organe fonctionne mal, nous ressentons dans notre corps les disfonctionnements liés à cet organe. Emile Coué en conclut que « Non seulement l'inconscient préside aux fonctions de notre organisme, mais il préside aussi à l'accomplissement de toutes nos actions, quelles qu'elles soient », **(La maîtrise de soi-même par l'autosuggestion consciente).**

Pour montrer la puissance du subconscient, Emile Coué donne plusieurs exemples. Ainsi donc si une planche de bois de 20 cm de large est posée à 0,25 m du sol, tout homme ordinaire pourrait marcher sur plus de 200 mètres sur cette poutre sans tomber ou faire des mauvais pas. Mais si la planche était perchée à plus de 200 m, au-dessus du vide, les hommes auraient tremblé comme des fétus de paille, effectuer de mauvais pas et tomber dans le vide, quel que soit leur volonté d'avancer. Il en serait ainsi parce que **« l'imagination prend le pas sur la volonté »** et l'homme qui marche sur cette planche suspendue au-dessus du vide est convaincu en son for intérieur qu'il ne peut aller jusqu'au bout.

Emile Coué en arrive donc à la conclusion que si l'homme veut guérir de n'importe quelle maladie ou veut changer n'importe quelle condition qui lui déplaise dans sa vie, il doit influencer son subconscient.

Comment ça marche ?

Pour influencer le subconscient selon Emile Coué, il faut construire des phrases positives, Explicitant de façon positive ce que vous souhaitez voir se passer dans votre vie et répéter ces phrases plusieurs fois par jour. Il conseille vingt fois le matin et vingt fois le soir. La phrase qui résume tout et qui comme la prière du Seigneur répond à tous les besoins humains est libellée comme suit : **« Tous les jours, à tous points de vue, je vais de mieux en mieux ».**

LE PETIT LIVRE ROUGE

Le titre de ce livre est : **« ça marche ».** L'auteur y aborde des préceptes élémentaires pour réussir dans tous les domaines de la vie. Ces préceptes peuvent permettre à ceux qui les mettent en pratique de réussir dans les domaines de la vie, à condition de savoir exactement ce qu'ils veulent et de l'exprimer correctement. Se plaindre au quotidien du mauvais temps, du manque, de la pauvreté, des maladies, de la société en général n'améliorera pas notre situation mais fera plutôt empirer les choses, car nous obtenons exactement ce à quoi nous nous attendons. Un contrôle de notre esprit conscient s'avère donc nécessaire.

Comment ça marche ?

L'auteur recommande comme méthode :
- De prendre un calepin et un stylo
- Ecrire lisiblement et clairement tous nos souhaits, au présent, comme s'ils étaient déjà réalisés.
- Relire ce calepin de nos souhaits matin et soir
- Continuer jusqu'à la réalisation des souhaits
- Effacer ce qui est réaliser et écrire les nouveaux souhaits

- Apporter des corrections si nécessaires

Cette méthode selon l'auteur peut permettre à tout homme qui respecte scrupuleusement sa procédure de régler tout problème, même les problèmes de santé. Les résultats selon le petit livre rouge sont atteints par :

- La pratique régulière de la méditation
- L'autosuggestion pour influencer le subconscient

CONCLUSION PARTIELLE

Nous avons choisi d'aborder dans cette partie les méthodes de guérison qui nous semblent les plus proches possibles de la guérison métaphysique. Il existe des centaines de méthodes de guérison et toutes celles qui mettent l'accent sur l'influence du subconscient pour guérir une condition non désirée nous semble du plus haut intérêt en matière d'étude.

CHAPITRE 5

DISCUSSIONS ET REFLEXIONS PERSONNELLES

Les Eglises dites du réveil en Afrique sont pleines à craquer tous les dimanches, jour de culte, mais également les jours ordinaires. Les pasteurs organisent des jeûnes et prières et des campagnes d'évangélisation. Les Eglises ne désemplissent jamais, parce que les fidèles sont à la recherche de solutions à leurs problèmes. Ces fidèles sont naturellement tournés vers la spiritualité pour trouver des réponses et du réconfort car ils ont la plupart du temps épuisé tous les recours matériels et médicinaux.

Les besoins de guérison couvrent tous les domaines, de la santé aux problèmes de relations humaines, sans oublier l'emploi, la famille, les ressources matérielles, etc.

Le problème qui m'a quand même le plus interpellé ici est la guérison des maladies. Il me semble important que toute personne qui se tient debout sur une chaire et s'arroge le droit d'enseigner les enfants de Dieu doive absolument maitriser la guérison métaphysique car elle est vraiment le signe que « Dieu est venu visiter son peuple ». Le praticien ou enseignant doit en arriver à un niveau de pratique et de démonstration où les patients comprendront que la guérison mentale n'est pas un hasard, que ce n'est pas un Dieu versatile qui accorde une guérison dans un cas et la refuse dans un autre cas. Une telle compréhension pourra revigorer la foi des pauvres âmes qui souffrent et qui ont besoin de réconfort.

La guérison mentale est scientifique et en respectant des principes et une démarche éprouvée, un praticien dévoué peut parvenir à réaliser des guérisons.

Selon Mary Baker, <u>le Miracle c'est de tomber malade</u>, la santé étant selon elle l'état naturel de l'homme. Ceci semble un très excellent appui de réflexion métaphysique car en maintenant au quotidien la pensée de la santé et du bonheur comme la norme et les disharmonies comme l'exception, les praticiens et leurs patients développeront tout naturellement un état d'esprit positif, orienté vers l'harmonie totale et le bien-être.

La prière métaphysique

La spécificité de la prière métaphysique en Science Chrétienne, en Métaphysique appliquée et dans les autres courants généralement admis comme tels réside dans le fait que lorsqu'il est en face d'un cas de maladie, le métaphysicien encore appelé praticien, prend le temps de se concentrer sur la personne « malade ». Et il fait ensuite les choses suivantes :

<u>Il nie la réalité de la maladie</u>. Pour le métaphysicien en effet, Dieu a fait les hommes parfaits, a son image et ressemble et donc si Dieu l'original de l'homme est parfait et a une santé incorruptible, l'homme qui est son reflet, comme dans un miroir ne saurait être malade. Si nous continuons avec le symbolisme du miroir, nous tenons là un puissant angle de méditation. En effet imaginons nous un homme devant un miroir parfait. Si l'homme est noir, blanc ou jaune, il se verra tel quel dans le miroir. S'il lève la main droite, la même main sera levée dans le miroir. S'il a de l'acné, son image dans le miroir en aura de même. Alors remplaçons cet homme devant le miroir par Dieu, supposons que Dieu est devant un miroir, que voit-Il dans le miroir ? son reflet, c'est-à-dire l'homme, selon la Bible dans le premier chapitre de la Genèse. Donc si Dieu est parfait, bon, en bonne santé, bien aimant et tous les caractéristiques que nous lui connaissons, son reflet dans le miroir, a absolument les mêmes caractéristiques. Jésus n'a-t –il pas dit : « le Fils ne peut rien faire de lui-même, il ne fait que ce qu'il voit faire au Père ; et tout ce que le Père fait, le Fils aussi le fait pareillement » (**Jean 5V19**). Jésus ne voulait-il pas ici insister sur sa nature d'image parfaite de Dieu ? une image parfaite qui reproduit exactement les caractéristiques, la nature et les gestes du Père. Une image qui n'a pas de vie ni de volonté en dehors de Dieu. Si nous acceptons que nous sommes l'image et la ressemblance de Dieu, alors nous acceptons par la même occasion que notre santé, notre être, notre vie, notre prospérité, notre existence entière est incorruptible car reliée à l'Unique Original qui est toujours Parfait en tout point.

Nous pourrions nous poser la question de savoir alors ce qu'il en est de la chute de l'homme dans le jardin. C'est à ce niveau que les enseignements de Jésus sont encore plus intéressants au sens métaphysique. Jésus a ordonné aux hommes dans la Bible : …. « Soyez donc parfaits, comme votre Père céleste est parfait » (**Matthieu 5V48**). Il faut voir ici le sens affirmatif et exécutif de la phrase. « Soyez Parfait … ». Cette perfection ne requiert de l'homme de remplir aucune condition. Jésus ordonne tout simplement à l'homme d'accepter son état de perfection originale et de vivre en tant que tel. Jésus voulait faire comprendre à ces contemporains et à la génération d'aujourd'hui que la perfection est l'état naturel de l'homme, que l'homme est né parfait, à l'image du Créateur, et que l'homme n'a pas à fournir un effort pour être parfaits. Les humains devraient juste accepter cet état de fait et vivre en tant que tel. Un Prince dans un royaume n'a pas à se prouver qu'il est un prince, il vit comme tel et cela établit sa légitimité.

L'une des erreurs de nombreuses Eglises dites du réveil est de commencer les prières en affirmant que l'homme est pécheur et supplier Dieu ensuite de lui pardonner ses péchés. Cette manière de procéder est presqu'une insulte au divin créateur. En effet comment dire à Dieu que sa créature est imparfaite, que son image est perfectible et après l'inviter à corriger cela. Toujours dans l'ancien Testament, dans le livre d'Habacuc, nous lisons à propos de Dieu, « <u>Tes yeux sont trop purs pour voir le mal</u> ». Alors pourquoi contraindre notre Créateur, l'original parfait à voir que son image dans le miroir est imparfaite ? Il est dit également dans l'Epître de Jacques 1V17 que « Toute grâce excellente et tout don parfait descendent d'en haut, du Père des lumières, <u>chez lequel il n'y a ni changement ni ombre de variation</u> ». Si donc Dieu l'original ne change pas, ne varie pas, pourquoi l'image devrait-elle changer, varier, être en bonne santé aujourd'hui et malade demain ?

L'Apôtre Paul dans l'un de ses Epitres a écrit aux Romains « En lui (Dieu), nous avons la Vie, le Mouvement et l'Etre ». Ce verset vient corroborer tout ce qui a été affirmer pendant longtemps par les prophètes et mis en exergue par Jésus dans ses enseignements. Le Puissant Apôtre affirme que l'homme vit en Dieu, bouge en Dieu et existe en Dieu. <u>La Métaphysique Appliquée affirme que toutes choses dans l'Univers est faite de la même substance.</u> Si l'homme vit, bouge et existe dans le sein de celui qui est Juste et Parfait, comment alors le mal, la maladie, la pauvreté et tous les autres maux dont souffrent l'humanité pourront-ils assaillir l'humanité ? Spirituellement et métaphysiquement, ceci est impossible. En effet si toujours dans le symbolisme, nous représentons Dieu comme une sphère dans laquelle vit l'homme, alors l'homme devrait toujours se sentir en sécurité, et dans un perpétuel état de perfection car aucune obscurité, aucune maladie, aucune pauvreté ne peut traverser Dieu et atteindre l'homme. L'homme est protégé, à l'abri dans le « sein du Père ». Accepter cette réalité et le méditer régulièrement permettra de guérir toute maladie et remettra une vie éprouvée dans le bon sens de marche.

Il affirme ensuite positivement la perfection de Dieu et de l'homme

L'on pourrait se poser la question de savoir ce qu'il en est du péché, de la maladie du Diable et tout le reste des maux ? Il se raconte sur plusieurs forums l'histoire d'un chasseur qui a ramassé un œuf d'aigle dans la brousse. Arrivé à la maison, il a mis l'œuf à couver sous une poule. A l'éclosion, l'aiglon s'est retrouvé à grandir au milieu de ses « frères poussins ». L'aiglon a donc vécu toute son « enfance », sa jeunesse et sa vieillesse dans la ferme, à gratter le sol comme un coq car c'est ce qu'il voyait ses autres « frères » et sa génitrice faire. Dans sa vieillesse pourtant, il verra l'ombre d'un aigle majestueux planer au-dessus de la ferme. Il était tellement admiratif qu'il aurait souhaité ressembler à ce seigneur des airs et planer aussi haut. Le vieux coq de la basse-cour lui rétorqua qu'il aurait pu voler ainsi car il était aussi de la même espèce que cet oiseau majestueux. L'aigle n'en revenait pas. Mais à présent il était trop vieux et ne pouvait plus voler. Personne ne lui avait appris sa véritable nature et toute sa vie, il a vécu une vie qui n'était pas la sienne. Il était ignorant de sa propre nature.

A l'image de cet aigle, la majeure partie de l'humanité vit une vie que n'est la sienne. Les hommes se laissent aller aux plaintes, aux maladies, à la pauvreté, à l'échec et à tous les maux qui arrièrent l'humanité. L'homme est tout simplement ignorant de sa véritable nature. <u>On ne lui a pas appris qui il est vraiment et comment il devrait vivre.</u> L'homme est comme un Prince qui mène une existence de mendiant à côté du palais de son Père. Des pensées de limitations ont pris la place de l'abondance, des pensées de crainte et de péchés sont implantées à la place de la force et du courage. Des pensées de maladie et de faiblesse prennent la place du pouvoir et de la santé. L'humain est un Seigneur qui s'ignore. Le travail des grands avatars tels que Jésus, Mahomet, Bouddha et beaucoup d'autres Philosophes et penseurs contemporains tels que Emerson, Wallace Wattles, Mary Baker Eddy, Paul Yvon Verrier pour ne citer que ceux-là a été de réveiller l'homme de sa torpeur maladive et le replacer au contrôle de sa vie, de l'univers, dans lequel « Tout nous est permis … »

EXPERIENCES PERSONNELLES EN METAPHYSIQUE APPLIQUEE

Dans le cours de base de la Métaphysique Appliquée, nous pouvons lire sous la plume du Professeur Verrier : « Nous sommes tous et chacun intéressés par la guérison de notre corps physique. Qu'est ce qui guérit ? où se trouve cette puissance curative ? voilà des questions que plusieurs d'entre vous se posent ». Il continue en expliquant que dans la Métaphysique, la puissance curative se trouve dans le subconscient de chaque personne. Selon le Professeur Verrier, un changement d'attitude mentale de la part du malade libère cette puissance. Le rôle des praticiens n'est pas de guérir le malade, mais plutôt de se guérir eux-mêmes d'abord c'est-à-dire éliminer eux-mêmes leurs blocages mentaux, puis maintenant aider le malade à faire de même afin que le principe actif de guérison soit libéré, rendant ainsi la guérison possible.

Exemple de guérison d'une crise de rhumatisme

Cette partie est très intéressante car elle me rappelle une expérience de guérison. Le malade souffrait d'une crise de rhumatisme et se tordait de douleurs sur son lit. Aucun remède médicinal n'avait pu la calmer. Un métaphysicien, proche de la malade entra dans la chambre de la malade et resta silencieux à ses côtés. Il ne pria pas directement pour la malade mais il se mit à mettre de l'ordre dans ses propres pensées. Il affirma mentalement qu'il était lui-même en bonne santé, qu'il vivait dans un environnement sain et que toutes les personnes qui étaient englobées dans sa pensées vivaient également dans un environnement sain, pur, et sécurisé. Il nia la réalité de la maladie et affirma plutôt la constance de la santé dans l'univers du Grand Esprit et il se représenta lui et tous ses proches dans cet environnement. Il s'entoura mentalement d'une pure lumière blanche protectrice et élargit mentalement autant que possible cette lumière en y englobant mentalement la résidence où il se trouvait avec le malade. Il persista dans cette prise de conscience mentale pendant une bonne dizaine de minutes. Quelques cinq minutes plus tard, la malade se calma et commença à se détendre. Elle se sentait beaucoup mieux et affirma que les douleurs avaient disparu.

Le professeur Verrier écrit que la guérison provient de la nature, de l'intelligence Cosmique Universelle, du Subconscient. Le rôle du praticien selon Marie Baker Eddy est d'élever la conscience du malade jusqu'à un niveau où il puisse se guérir lui-même et puis donner la gloire de la guérison à Dieu.

Selon le professeur Verrier, « le principe curatif qui habite notre Subconscient va, s'il est convenablement dirigé, soit par nous, soit par un thérapeute ou autre personne, guérir l'esprit et le corps de toute maladie.

Un cas de guérison par la visualisation

Un ami qui m'est très proche s'était fait diagnostiqué une maladie du foie assez grave il y a une dizaine d'année de cela. Selon les analyses, le taux de virus dans son organisme était assez important et la maladie pouvait évoluer vers un cancer. L'ami avait pris peur et commença à craindre pour sa vie. Mais cet ami était également initié aux sciences métaphysiques et est un très grand lecteur de la Bible et de tous les ouvrages traitant de la guérison par le mental. Des remèdes médicaux lui avait été prescrits, mais les médecins lui assuraient que le traitement pouvait être très long et que la guérison totale n'était pas toujours assurée. L'ami a commencé à mettre en pratique ses connaissances en métaphysique et lisait souvent certains versets bibliques pour garder sa foi en Dieu.

Il m'a confié que l'une des pratiques métaphysiques qu'il avait adoptés étaient la visualisation. Il avait imprimé la photo d'un foie humain, parfait et sain avec une belle couleur et tous ses vaisseaux sanguins. Chaque fois qu'il en avait le temps, surtout les matins et le soir au coucher, ou bien lorsque l'idée de cette maladie lui remontait à l'esprit, il visualisait cette photo d'un foie parfait. Il se répétait :

-   Ceci est mon foie, il est parfait, il est normal, il est sain. Il assume correctement ces fonctions multiples et complexes dans mon corps. Son fonctionnement est aussi normal que lorsque j'avais mes 18 ans. Il fonctionnera ainsi tout le temps de ma vie.

Il lisait ce texte autant de temps qu'il le pouvait et après, il se mettait en position de méditation, fermait les yeux et visualisait son foie, sain et parfait tout en répétant son mantra.

Il a adopté cette approche pendant plusieurs mois. Il ne discutait jamais de la maladie avec d'autres personnes. Un jour fortuitement, il rencontra un ami à lui qui lui raconta l'histoire d'une de ses connaissances qui avait entièrement été guéri du même type de maladie alors qu'il était presque en phase terminale. Il indiqua à l'ami le remède naturel qui avait guérit son ami entièrement et complètement. Mon ami sauta sur l'occasion et suivi ce traitement à base de plantes naturelles. Six mois plus tard, les analyses médicales révélaient une guérison complète du foie de mon ami et un fonctionnement à 80% de son système hépatique. Le médecin qui le suivait ne pouvait s'expliquer cette « anomalie » alors que l'ami n'avait pas pris les remèdes de médecine moderne que les médecins lui avaient recommandé.

Un cas de ralentissement du vieillissement

Je connais un autre ami aujourd'hui âgé de 43 ans, pourtant tout ceux qui le rencontrent lui donnent à peine 25 ans, maximum 30 ans. Quel était donc son secret ? Je l'ai su le jour où je lui ai souhaité un joyeux anniversaire. Mon ami a poliment accepté mes vœux, et m'a confié qu'en fait, il ne fêtait jamais son anniversaire, n'en parlait pas et n'en faisait jamais mention dans les conversations entre amis. En effet je ne me souviens pas avoir jamais vu mon ami organiser une fête d'anniversaire. Il m'expliqua qu'il avait un mantra qu'il lisait et méditait aussi souvent que possible. Son mantra était le suivant :

-	Mon visage est doux, lisse et toujours jeune, comme à mon âge de vingt ans. Mes cheveux sont toujours noirs, tous mes organes internes et externes assurent normalement et correctement leurs diverses fonctions et je suis toujours en bonne santé physique.

On dirait bien que cela marche. L'ami n'a pas un seul cheveu blanc alors que les personnes de son âge en poussent déjà et il ne porte pas de lunettes de lecture non plus alors qu'il passe la moitié de sa journée à travailler sur un ordinateur depuis quinze ans. A ceux qui lui prédisait qu'il porterait des lunettes bientôt, il a toujours répété que les lunettes de lecture ne faisaient pas partie de ses accessoires de vie.

Je retiens des similitudes dans l'approche métaphysique de mes amis :
-	La visualisation de la situation souhaitée
-	La méditation
-	La formulation et la répétition de phrases positives. A ce niveau il est très important de remarquer que les phrases des mantras sont libellées au positif. Les

amis se concentrent sur ce qu'ils veulent, ce qu'ils souhaitent voir se manifester. Ils n'écrivent pas ce qu'ils ne veulent pas.

Selon la littérature consacrée, cette manière de libeller les mantras est la meilleure approche car elle est à même de bien influencer le subconscient qui reçoit un message positif, des conclusions positives qui lui permettent de travailler et donner à la personne les conditions souhaitées. En effet, exprimer ses besoins de façon négative (Je ne veux pas être malade ou je ne veux pas porter des lunettes) renvoient plutôt l'image de ce qu'on ne désire pas et c'est la condition non désirée qui s'imprime sur le subconscient.

Il faut ici mettre en évidence le rôle très important du subconscient dans tout situation de guérison. La 15ème leçon du cours de base de la Métaphysique appliquée me semble très appropriée pour expliquer l'importance de l'autosuggestion et du subconscient dans tout processus de guérison.

« Une situation physique, organique ou mentale ne peut changer que si notre subconscient l'accepte. Et pour que le subconscient l'accepte, nous devons utiliser l'autosuggestion ». L'autosuggestion est définie par le Pr Verrier comme étant **« l'influence de l'imagination sur le psychisme, et ensuite sur le physique de l'homme ».** Le Pr Verrier écrit encore : «si vous vous persuadez que vous pouvez faire une chose quelconque, pourvu qu'elle soit possible, vous la ferez, si difficile qu'elle puisse être ». Le subconscient tient donc une place centrale dans tout processus de guérison et il est primordial que le malade qui n'en est pas conscient mais qui désire utiliser les méthodes spirituelles pour se guérir en soit informé par le praticien qui l'assiste.

Hygiène

L'homme peux – t-il vivre comme il l'entend, sans faire attention à son hygiène de vie et pourtant obtenir une guérison métaphysique ? la question se pose et les réponses peuvent varier. Ce qui est primordial pour l'homme est de faire avant tout ce qui le rend heureux. Mais tout ce qui nous est permis nous est-il vraiment utile ? Pour guérir de certaines maladies, il faut absolument observer une certaine hygiène de vie afin de faciliter et d'accélérer sa guérison. Une personne ayant des insuffisances hépatiques ne devraient par exemple pas abuser de l'alcool. Les tests en laboratoire ont démontré que l'alcool détruit les cellules du foie. Il en est de même pour plusieurs autres maladies tels que l'asthme, la pneumonie, la tuberculose, etc. quel que soit la foi en Dieu ou dans les méthodes alternatives de guérison choisies, observer une hygiène de vie saine est importante non seulement pour le bien-être personnel mais également pour accélérer sa guérison. Consommer en toute connaissance de cause des substances (dont on peut se passer) et qui sont néfastes pour la guérison d'une situation de maladie est pur étourderie, c'est comme « tenter le bon Dieu ». Dans le cours de base de la Métaphysique appliquée, **le Pr Verrier insiste également sur l'abus des substances nocives pour le corps et l'organisme.** Les grands avatars de toutes les époques ont toujours enseigné et pratiquer la mesure et la retenue en toute chose.

Mélange de plusieurs procédés de guérisons

La science chrétienne en particulier n'encourage pas le mélange de plusieurs procédés de guérison au cours du traitement d'une maladie. Il est recommandé au malade qui veut s'en remettre à la Science Chrétienne pour sa guérison de ne s'en tenir qu'aux prières du praticien qui le suit (s'il est suivi par un praticien) ou à ses prières personnelles. La raison selon Mary Baker Eddy (fondatrice de la Science Chrétienne) est qu'il faut éviter de donner la Gloire de Dieu à un autre. Selon elle, il faudrait pouvoir au moment de la guérison identifier exactement le procédé qui a conduit au résultat de guérison. Elle recommande néanmoins à celui qui souffre énormément des suites d'un accident ou durant une crise douloureuse de maladie et qui a besoin d'un soulagement rapide, d'utiliser un traitement médical qui peut calmer la douleur, et lorsque la douleur sera calmée, la personne peut se concentrer alors sur la prière métaphysique en Science chrétienne. Pour étayer son point de vue, elle met en avant que le Jésus Christ n'a jamais recommandé à un malade l'observation d'une certaine hygiène de vie ou l'utilisation de méthodes alternatives. Jésus selon elle priait pour le malade, et seule l'action de sa prière guérissait le malade.

A ce niveau, notre point de vue personnelle est que le choix et la décision du ou des procédés de guérison à utiliser dépendent uniquement de la personne qui souffre. Une approche dogmatique n'a pas vraiment sa place lorsque la vie humaine est en jeu. Tout procédé de guérison qui est licite, légal et sain pour le corps et l'esprit devraient être utilisé par un malade pour se porter mieux. Quitte à lui-même de poursuivre ses études après afin d'expérimenter selon les circonstances d'autres méthodes alternatifs de guérison. Aucune divinité ne condamnera une être humain pour avoir mis en œuvre des connaissances et des remèdes légaux pour retrouver une bonne santé. L'un des noms de la divinité dans certaines traditions signifie la même chose que Vie.

Comment rester en bonne santé ou guérir rapidement de certaines maladies ?

Le professeur Verrier a donné des conseils pour une santé saine et continue dans son cours de base de la Métaphysique appliquée. Il y recommande entre autre la méditation quotidienne, l'autosuggestion, la visualisation, les techniques respiratoires, le Pranayama et bien d'autres approches encore.

CHAPITRE 6

SOMMAIRE ET CONCLUSION

Pour clore cette thèse, après tous les éléments ayant étayé l'argumentaire, je dirai que la guérison métaphysique n'est pas du hasard. Elle doit être reconnue comme un traitement efficace et sure à laquelle les hommes peuvent avoir recours en toute confiance et sérénité. Ils existent des écoles de formation qui font du bon travail et tous les jours, des nouvelles venant du champ démontrent que des hommes et des femmes, animés d'un amour sincère et d'un profond désir d'aider l'humanité, accomplissent « des miracles » comme au temps de Jésus et des Apôtres.

Il est pourtant nécessaire que les praticiens qui aspirent à obtenir des résultats et à soulager rapidement les maux dont souffrent le genre humain observent une consécration absolue à leur travail. Ceci permettra également afin de renforcer la foi des malades.

Les Métaphysiciens doivent pratiquer la méditation métaphysique sur une base quotidienne, apprendre à canaliser leurs pensées et leurs énergies, observer une étique irréprochable dans leurs relations avec les malades, continuer à se former, utiliser autant que possible la Métaphysique pour les guérisons car plus ils auront des résultats, plus leur foi se raffermira.

BIBLIOGRAPHIE

AUTEUR Anonyme 2013

LE PETIT Livre Rouge « Ça marche »

COUE Emile 1922

La Maîtrise de soi-même par l'autosuggestion consciente

EDDY, Mary Baker 1875

Science et Santé avec la Clé des Ecritures

Boston, French Edition ©1917 1936 1978 – imprimé en 1989

LE VERRIER, P. Yvon 1994

Cours de base de Métaphysique Appliquée, Vol.1 et Vol.2,

Leçon de Maîtrise 2e cycle en Métaphysique Appliquée, Vol 1 et 2

Leçon de 3e cycle, Doctorat en métaphysique Appliquée

Cours de Méditation Mystique & Dynamique

MALTZ Maxwell 1960

Psycho-Cybernétique et l'Accomplissement de soi

Edition Christian H. Godefroy

SEGOND Louis 2004

La Sainte Bible, Société Biblique de Genève, 2004

Alliance biblique universelle, nouvelle édition

VITALE, Joe 2002

What Treatment Method Works Best?

Thèse de Maîtrise en Science Métaphysique de l'Université de Métaphysique

WATTLES, WALLACE D.

La science de la richesse en 17 leçons,

La Science du bien-être

www.club-positif.com , 2005

Sommaire

www.ingramcontent.com/pod-product-compliance
Lightning Source LLC
Chambersburg PA
CBHW040902110726
48005CB00001B/160